SEBASTIÃO SALGADO

Sebastião Salgado

Introduction par Christian Caujolle

NATHAN

COLLECTION PHOTO POCHE

*La collection Photo Poche a été publiée
de 1982 à 1996 par le Centre National de la Photographie
avec le concours du Ministère de la Culture.
Robert Delpire qui l'a créée en assure la direction.*

Légende de la couverture :
Le dispensaire de la ville d'Ade, Tchad, 1985

© 1997. Editions Nathan, Paris
© pour les photographies Sebastião Salgado
Tous droits réservés pour tous pays
ISBN : 2-09-754 108-9

Quatrième édition réalisée avec la collaboration de Idéodis Création,
achevée d'imprimer en novembre 1997 sur les presses de Mame à Tours

Imprimé en France / Printed in France

Bahia 1996

A LA LUMIÈRE DE L'HISTOIRE

C'était en janvier 1985, au service photo du quotidien Libération. Sebastião Salgado, de retour de son premier voyage au Sahel, était venu montrer les petits tirages de lecture de son travail sur la sécheresse et la famine qui décimaient, une fois de plus, cette partie de l'Afrique. Des images en noir et blanc d'enfants, de femmes, de vieillards décharnés auxquels les volontaires de Médecins sans Frontières tentaient d'apporter leur aide. Sebastião était parti avec les « french doctors », pour témoigner. Et, en des temps où la presse magazine ne comprenait pas qu'il n'ait pas photographié en couleurs, c'est vers un quotidien qu'il se tournait. Tout cela, simplement, pour rappeler que la finalité première du photographe Salgado est d'informer, et donc de publier ses images dans la presse. Même si, après, le livre et l'exposition font exister autrement ses images, leur donnent des lectures différentes et des ampleurs diverses. Les enfants mourant de malnutrition ont été, depuis longtemps, un des thèmes photogéniques d'une certaine forme de photojournalisme partagé entre le spectaculaire et le témoignage, entre la bonne conscience et le document brut. Et, en des temps où Serge Daney voyait « l'humanisme disparaître au profit de l'humanitaire », nous ne pouvions que douter de l'impact et du sens d'images qui nous parvenaient après tant de doubles pages colorées, avec leurs regards perdus, leurs mouches et leurs ventres gonflés, litanie rituelle sur papier glacé, dérision de l'horreur et aveu d'impuissance. Cette fois-là, pourtant, c'était différent. L'évidence était là : la forme des images de Sebastião Salgado relevait d'une autre approche, qui imposait respect et dignité. Au-delà de leur simple force plastique, elles interrogeaient notre manière trop rapide de voir, notre volonté de glisser sur les faits. Leur précision, leur beauté même nous dérangeaient, parce qu'elles s'opposaient de fait aux clichés environnants et nous obligeaient à regarder. Salutaires donc. Il était évident qu'il fallait publier les images de Salgado, pour être en accord avec la véritable nécessité de l'information et de la conscience. Ce qui fut fait, au rythme d'un feuilleton qui déclina, en première page comme à l'intérieur du journal, le Sahel du désespoir, avec ses exodes, ses morts et la volonté permanente de l'aide humanitaire. Ces publications, qui suivaient le rythme des voyages du photographe, n'étaient possibles que parce que les images, avides de témoignage, refusaient la complaisance et dépassaient la stricte documentation. Parce que leur ton était autre, parce que leur lyrisme imposait le respect et repoussait la simple commisération. Et ces images, comme bien d'autres de Salgado depuis, ont fait le tour du monde, ont été primées et exposées et sont devenues des symboles. Symboles qui, à leur tour, ont transformé leur auteur en symbole d'une attitude face au photojournalisme.

La forme est évidemment classique. Des images au Leica, au cadrage pur, à l'espace juste, ample lorsqu'il le faut, précis à bon escient, sans bavardage inutile et sans simplification caricaturale. Des compositions équilibrées qui laissent la lumière révéler des poses, des regards, des attitudes. Des points de vue qui placent l'homme au centre de la préoccupation. Mais, si elles appartiennent visiblement à une tradition qui a valu à Salgado une multitude de prix, dont le W. Eugene Smith Award, ces photographies nous renvoient à une iconographie qui n'est pas celle de l'humanitaire, mais celle du religieux. Lorsque sur fond de sable, une femme et ses enfants, voiles noirs et silhouettes penchées, fuient la famine, l'écho de la grande peste ou de la fuite en Egypte est présent. Et ce n'est pas par hasard que, lorsque des réfugiés qui ont marché toute la nuit s'abritent au petit matin sous un grand arbre pour éviter les bombardements, le soleil, en rais diffractés, nimbe la scène comme dans la grande peinture religieuse. La pratique du symbole par Sebastião Salgado s'enracine dans une culture, dans un continent, dans un tiers-monde que revendique sans cesse un parcours atypique.

Ce Brésilien originaire du Minas Gerais se destinait à la carrière économique. Fonctionnaire au Ministère des Finances de São Paulo de 1968 à 1969, il se perfectionne ensuite à Paris, avant de travailler à Londres, de 1971 à 1973 pour l'Organisation Internationale du Café. C'est dans le cadre de cette institution qu'il découvre l'Afrique et commence à photographier. Très vite, il sait que, pour proposer des solutions à la situation du tiers-monde, il faut d'abord témoigner. L'appareil photo sera l'instrument de cette conscience, de cette volonté militante qui va faire de Salgado un photographe «concerné», engagé. Après avoir photographié les travailleurs immigrés en Europe, il collabore à l'Agence Sygma et couvre les événements du Portugal et du Mozambique. En 1975, il entre à l'Agence Gamma et, très vite, il sait que sa vocation n'est pas de courir après l'actualité immédiate. Même si ses images de l'attentat contre le président Reagan sont publiées dans le monde entier, il a immédiatement compris qu'il doit pactiser avec le temps, prendre du temps, se donner les moyens de reportages au long cours. Contrairement aux photographes de «news» – ou plutôt à côté d'eux – il ira enquêter là où aucune actualité immédiate ne le sollicite, là où il ne se passe rien d'autre que la permanence d'une situation. Qu'elle soit critique, ou simplement caractéristique. Et si le drame est présent, c'est simplement parce qu'il est révélateur, au-delà de ses anecdotes, d'une situation plus profonde et du fonctionnement ou des failles des structures. Salgado sait qu'une image ne peut résumer la complexité d'une situation et que seul le récit en images, l'articulation des photographies entre elles permet, après une longue enquête sur le terrain de rendre compte. A sa manière, à contre-courant de publications de moins en moins préoccupées par la qualité photographique, il poursuit et transforme la tradition de l'essai photographique. Et c'est tout naturellement qu'il rejoint, en 1979, l'équipe de l'Agence Magnum. Il développe à ce moment-là sa première grande fresque photographique, consacrée aux paysanneries du continent latino-américain. Fidélité aux origines et hommage aux exclus, à un mode de vie dont l'archaïsme ne semble plus trouver sa place dans le monde. Entre Mexique et Brésil, des regards et des situations, des instants suspendus et des espaces pour les recevoir, de lumières dures en ciels plombés. Une vision qui fait voisiner la misère et la tendresse, une religion aux accents exaltés et une omniprésence de la mort, des lumières qui dramatisent les infimes instants de la vie quotidienne et, déjà, les hommes au travail. Dès cette étape, le propos est explicite. Militant et généreux, Salgado veut absolument réconcilier esthétique et information, esthétique et engagement, esthétique et politique. Salgado prélève de la forme pour produire du sens.

Il explore le réel comme un ensemble complexe de signes qu'il renvoie aux codes photographiques et construit une grammaire reconnaissable, une grille de lecture du monde. Le but avoué est de révéler, de souligner, donc de faire prendre conscience. Mais aussi, certainement, de garder trace, de renvoyer à l'histoire, à la mémoire.

Le choix du noir et blanc fonde l'esthétique globale, avec la volonté d'œuvrer dans l'ordre du symbolique. La tradition de l'humanisme photographique passe par cette abstraction qui module les gris et privilégie la réorganisation graphique du monde dans l'espace du rectangle. Il faut faire «image» pour donner à comprendre. Et l'esthétisme évident de ce travail est inséparable du propos lui-même. Il en assure la cohérence qui, sans lui, serait simplement idéologique.

Tous ces points de vue, tous ces choix, toutes ces décisions se retrouvent, radicalisés, dans la grande œuvre de Salgado sur la transformation des industries manuelles. Cette saga planétaire, qui explore ce qui est en train de disparaître de l'activité humaine dans des formes séculaires est un véritable plaidoyer, un manifeste. S'il frôle parfois la nostalgie, le propos, par son ampleur – voire sa démesure – dit clairement la volonté de globaliser, d'affirmer que le monde, aujourd'hui, est totalement interdépendant. Et que, s'il se transforme, c'est au prix de sacrifices et de l'éternelle tension entre le Nord et le Sud, entre les riches et les défavorisés. L'économiste, fidèle à ses idéaux, est là, qui analyse autant qu'il montre, qui explore pour mettre en forme. De quoi s'agit-il, en fin de compte, sinon d'un hymne à la classe ouvrière, d'une envolée lyrique exaltant le monde des travailleurs dans un moment crucial de son évolution. Le monde que Sebastião Salgado nous restitue s'apparente à celui des muralistes mexicains, il prend ses racines dans un dix-neuvième siècle d'industrialisation et d'exploitation, celui qui vit, aussi, l'apparition des théories marxistes. Et il est légitime de s'interroger sur le sens profond de cette vision qui, des champs de canne à sucre cubains aux aciéries de l'ex-URSS en passant par les zones pétrolifères du Koweït, nous montre l'homme, transformant physiquement le monde, luttant contre les éléments, construisant et retraitant, souffrant et subissant. Là encore, l'image s'affirme avec une clarté évidente des codes. L'individu est sans cesse en ligne de mire, individu qui sort de la foule, qui fait partie d'une multitude au travail et que l'appareil isolera souvent pour la qualité et la signification d'un simple regard. Epuisement des corps, douleur des gestes, équilibre difficile entre la machinerie et l'humain, toujours sous des lumières qui soulignent les gestes, exaltent l'effort, explorent les relations. Ces « forçats de la terre » sont en train de disparaître parce que les modalités du travail, au nom de la rentabilité, se transforment rapidement. La machine n'aura plus demain le même sens, ni la même fonction qu'hier et l'homme exploité ne le sera plus de la même manière. Mais que deviendra-t-il ? C'est à une mémoire – idéalisée – de la classe ouvrière que Sebastião Salgado nous convoque. Pour que nous regardions en face, pour que nous soyons concernés et que nous prenions conscience du sens de l'histoire. La recherche de la beauté et des équilibres comme signe même de la dignité des acteurs est une constante qui dit le propos mieux que tous les discours. Nous retrouvons ici la référence implicite à une imagerie religieuse, presque mystique, avec ses cortèges de travailleurs, ses masses en mouvement, et ses crucifixions dans les mines d'or du Brésil. Comme s'il recherchait une rédemption pour la forme, Salgado regarde le monde comme un réservoir ininterrompu d'images signifiantes. Il veut produire du sens plus qu'il ne recherche une quelconque vérité, au nom d'une foi fondamentale en l'homme. Un souffle épique traverse l'extension de cette narration qui, de chapitre en chapitre, de lieu en lieu, décline les variantes d'une condition ouvrière forgée il y a un siècle et s'interroge sur la place de l'homme dans le processus de production, et sur son devenir. Et, alors que dans la solidité de sa construction l'ensemble apparaît, d'abord, impressionnant, il révèle très vite une immense interrogation.

De même qu'il ne confortait pas notre bonne conscience en nous émouvant facilement sur la condition des enfants du Sahel, Salgado n'en appelle jamais à notre compassion face aux duretés de la condition du travailleur. Il nous demande simplement de la voir, de constater, et d'être capable d'y déceler ce qu'elle comporte de beauté. Comme si la rigueur du cadre était la seule certitude qui permette de lire de manière pertinente une situation. Mais on ne saurait taxer cette approche de formaliste, tant elle est sous-tendue par le point de vue « politique », par une émotion des rencontres, et tant elle se préoccupe d'organiser en récit des séries de hasards maîtrisés.

Au-delà du brio, c'est l'évident enthousiasme de Salgado qui emporte l'adhésion. On a pu le constater lorsque, au rythme de publications mensuelles, El Pais Semanal, en Espagne, a offert à ses lecteurs cette saga planétaire de l'homme au travail. Il y avait à la fois le sentiment de la découverte et celui du partage, une manière unique de s'inscrire dans l'histoire et de donner à voir des situations. Avec cette publication exemplaire, qui démontrait une fois de plus que le photographe restait attaché au vecteur le plus important du photojournalisme, Salgado s'inscrivait totalement dans la grande tradition de reportage de fond et apparaissait comme l'un des rares auteurs aujourd'hui capables de résister au nivellement de la photographie dans la presse. Et il nous interrogeait sur le sens, la fonction et les finalités de la presse illustrée aujourd'hui, affirmant que, aux côtés d'une télévision majoritaire dans la fonction d'information par l'image, il restait une place pour la photographie. Une place qui n'était pas simplement illustrative ou anecdotique, mais qui pouvait, mieux peut-être que l'image animée, donner à penser le monde. Cette confiance dans la fonction de la photographie, faite de volonté et d'une conviction solidement chevillée au corps que l'homme est l'enjeu premier de l'homme mythifie aussi le personnage Salgado. Son succès le transforme en porteur d'un avenir pour la photographie dans ce qu'elle a de classique. Héritier d'une histoire qu'il développe et enrichit, il parie sur l'enjeu de la mémoire et prend rendez-vous avec l'histoire. Et, parce que ses choix sont clairement déterminés, il poursuit le vieux débat sur esthétique et politique. Pour dire que, de l'économie aux images, tout est politique....

Christian Caujolle

1. Mixes, Oaxaca, Mexique, 1980

2. Au cours de la cérémonie d'enterrement d'un enfant
au Sertão de la Paraíba, Brésil, 1980

3. «Vale do Amanhecer» (la Vallée de l'Aube), Brésil, 1980

4. Enfant examiné par l'infirmier, Otavalos, Equateur, 1978

5. Les jeux des enfants du Nord-Est brésilien
durant la grande sécheresse du début des années 80, Brésil, 1983

6. Mine d'Etain de Porco-Potosi, Bolivie, 1983

7. Région de Chimborazo, Equateur, 1982

Pages suivantes : Enterrement à Attilio, Chimborazo, Equateur, 1982

9. « Vale do Amanhecer » (la Vallée de l'Aube), Brésil, 1980

10. Attilio, Equateur, 1982

11. Membres de la communauté du haut du Chimborazo, Equateur, 1982

Pages suivantes : Recyclage des ordures pour l'alimentation, Fortaleza, Brésil, 1983

13. Refugiés du camp de Bati, Ethiopie, 1984

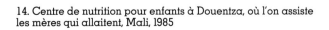

14. Centre de nutrition pour enfants à Douentza, où l'on assiste
les mères qui allaitent, Mali, 1985

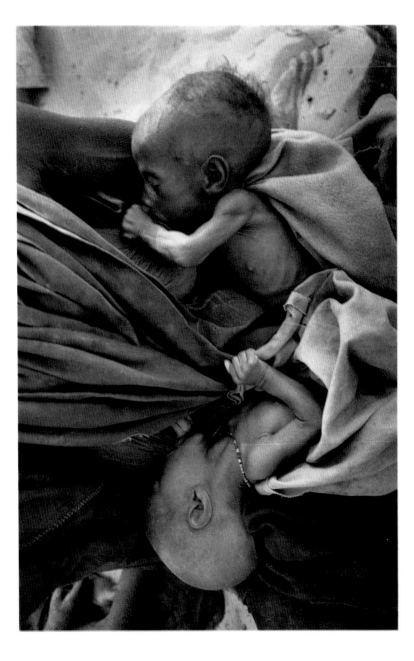

15. Accouchement au camp de Kobo, Ethiopie, 1984

Pages suivantes : Nomades affamés marchant
sur le lac Faguibin asséché, Mali, 1985

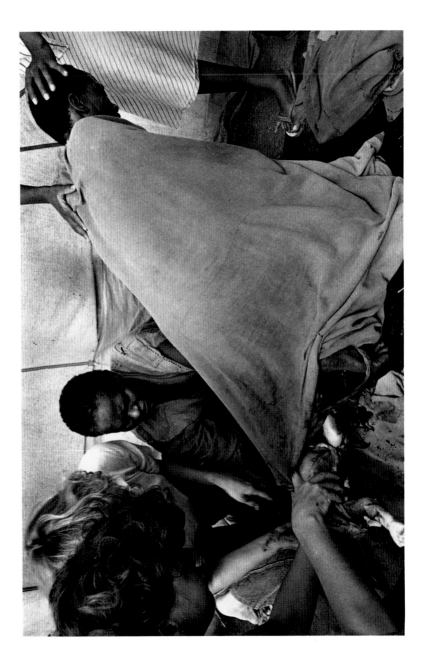

17. Centre de nutrition pour enfants à Korem, Ethiopie, 1984

18. Les enfants sont pesés et mesurés pour ajuster les rations,
Gourma Rarhous, Mali, 1985

19. A la recherche d'eau et de nourriture dans le village de Tanout, Mali, 1983

20. Exode des Erythréens vers un camp de réfugiés au Soudan, 1985

Pages suivantes : Protégés par leurs couvertures du vent et du froid du matin, ces réfugiés attendent au camp de Korem, Ethiopie, 1984

22. Réfugiés en marche vers le Soudan, Tigré, 1985

Pages suivantes : Camp des réfugiés de Bati, Ethiopie, 1984

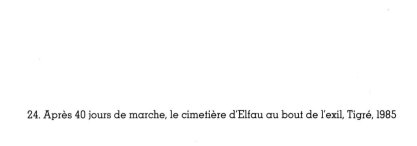

24. Après 40 jours de marche, le cimetière d'Elfau au bout de l'exil, Tigré, 1985

25. Introduction d'une sonde pour nourrir un enfant trop faible,
Camp de Korem, Ethiopie, 1984

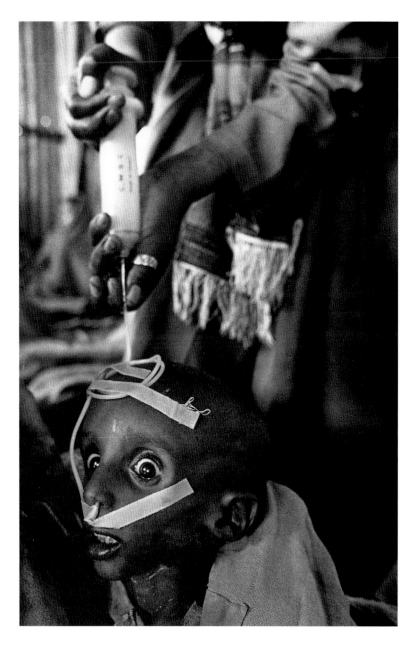

26. Camp des réfugiés de Bati, Ethiopie, 1984

27. Le grand lac Faguibin asséché, Mali, 1985

28. Victime de mines, Cambodge, 1990

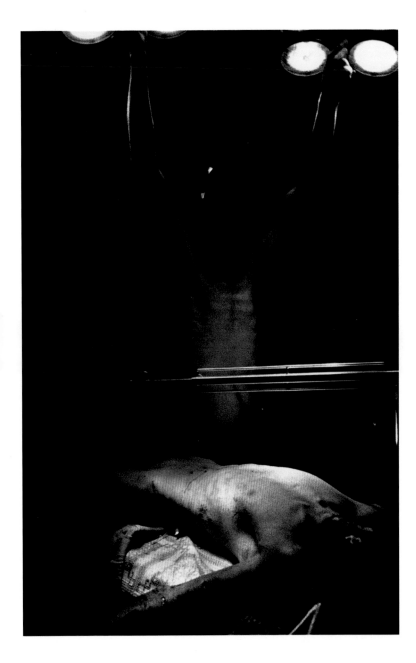

29. Camp de réfugiés laotiens, Thaïlande, 1982

30. Victimes de mines, Cambodge, 1990

31. Victime de mines, Cambodge, 1990

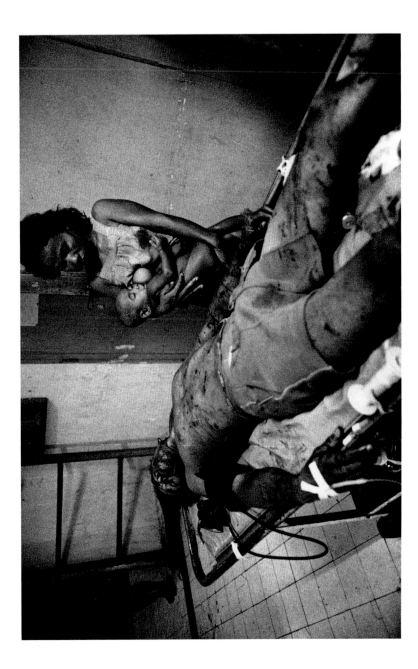

32. Le Koweït après la guerre, Koweït, 1991

Pages suivantes : Lutte contre les puits de pétrole en feu, Koweït, 1991

34. Lutte contre les puits de pétrole en feu, Koweït, 1991

35. Puits de pétrole en feu, Koweït, 1991

36. La guerre du Golfe, Koweït, 1991

37. Sidérurgie Usinor, France, 1987

Pages suivantes : Mine de charbon à Dhanbad, Inde, 1989

39. Mine de charbon à Dhanbad, Inde, 1989

Pages suivantes : Mine d'or «Serra Pelada», Brésil, 1986

41. Mine d'or «Serra Pelada», Brésil, 1986

42. Mine d'or «Serra Pelada», Brésil, 1986
Pages suivantes: Mine d'or «Serra Pelada», Brésil, 1986

44. Mine d'or « Serra Pelada », Brésil, 1986

Pages suivantes : Casseurs de bateaux, Bangladesh, 1989

46. Casseurs de bateaux, Bangladesh, 1989

47. Casseurs de bateaux, Bangladesh, 1989

Pages suivantes: Champ de pétrole à Bakou, Azerbaïdjan, 1987

49. L'arsenal de Brest, France, 1990

50. Sidérurgie, Zaporojïe, Ukraine, 1987

51. Plantation de thé, Rwanda, 1991

52. Coupe de la canne à sucre, Cuba, 1988

53. Fin de journée pour les coupeurs de canne à sucre, Cuba, 1988

Pages suivantes : Industrie textile, Bangladesh, 1989

55. Industrie textile, Bangladesh, 1989

Pages suivantes : Le tunnel sous la Manche, Angleterre, 1990

57. Abattoir, Sioux Falls, Etats-Unis, 1988

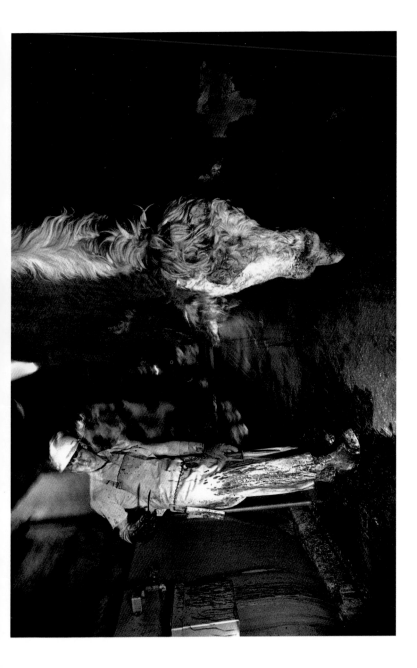

58. Abattoir, Sioux Falls, Etats-Unis, 1988

Pages suivantes : Mine de charbon à Dhanbad, Inde, 1989

60. Construction du canal du Rājasthān, Inde, 1990

61. Construction du canal du Rājasthān, Inde, 1990

62. Construction du canal du Rājasthān, Inde, 1990

Pages suivantes : Mine de soufre, Indonésie, 1991

BIOGRAPHIE

1944. Sebastião Ribeiro Salgado, Junior, naît le 8 février à Aimores, Minas Gerais, au Brésil, sixième enfant et seul garçon d'une famille de huit enfants.

1964-67. Salgado fait des études d'économie à Vitoria, Espirito Santo, au Brésil. Il épouse Lélia Deluiz Wanick, le 16 décembre 1967 à Vitoria.

1968. Obtient une maîtrise d'économie de l'université de São Paulo, au Brésil, et de l'Université Vanderbilt, aux Etats-Unis. De 1968 à 1969, travaille également pour le ministère des Finances brésilien.

1969. Suit les cours de l'École nationale de la statistique et de l'administration économique, à Paris.

1969-71. Continue ses études en vue d'obtenir un doctorat d'Economie de l'Université de Paris.

1971-73. Installé à Londres, Salgado travaille pour l'Organisation internationale du café, au département investissement, qui participe à la diversification des plantations de café en Afrique. Son travail s'effectue en collaboration avec le Fonds européen pour le développement, l'Organisation des Nations unies pour l'alimentation et l'agriculture, et la Banque mondiale.

1973. Commence à travailler comme reporter photographe, s'intéressant d'abord à la sécheresse au Sahel, en Afrique, puis photographiant des travailleurs immigrés en Europe.

1974. Début de la collaboration avec Sygma, nouvelle agence photographique de presse, à Paris, en couvrant les événements du Portugal, d'Angola et du Mozambique. Le 15 février, naît le premier enfant de Sebastião et de Lélia : Juliano.

1975. Entre à l'agence Gamma.

1977-83. Fait de nombreux voyages en Amérique latine, travaillant à un projet documentaire sur les paysans, concrétisé par la publication de son livre, *Autres Amériques*.

1979. Salgado entre à Magnum, et continue son travail de reporter photographe dans le monde entier. En 1979, il réuni une documentation sur la situation des travailleurs immigrés en France. Le 7 août, naissance de leur deuxième fils : Rodrigo.

1982. Reçoit le prix W. Eugene Smith pour la photographie humaniste, qui l'aide à poursuivre son projet en Amérique latine. Il est également récompensé, pour ce même sujet, par le ministère de la Culture français.

1984-85. Photographie les effets dévastateurs de la sécheresse au Sahel, en Afrique, travaillant conjointement avec l'organisme d'aide humanitaire français, Médecins sans frontières.

1984. *Autres Amériques* est primé par Kodak Premier Livre photographique de la Ville de Paris.

1985. Prix Oskar Barnack, World Press Photos, en Hollande, pour son travail sur le Sahel, cité comme reportage humanitaire de l'année.

1986. Grâce à la publication de son travail sur l'Amérique latine et sur le Sahel, Salgado reçoit plusieurs autres prix : le prix "Primero Mes de la Foto Iberoamericana" (Espagne) : il est cité comme meilleur journaliste photographe de l'année par l'International Center of Photography à New York ; il reçoit le prix du Meilleur Livre photographique de l'année pour *Sahel : l'homme en détresse*, décerné par les Rencontres internationales de la photographie, d'Arles ; prix de la meilleure exposition du Mois de la photographie (Paris Audiovisuel), pour *Autres Amériques*.

1987. Commence un projet documentaire sur la disparition des industries manuelles dans le monde. Il reçoit aussi le prix du Meilleur Photographe de l'année, conjointement par l'American Society of Magazine Photographers et par le Maine Photographic Workshop, ainsi que le prix Olivier Rebbot de l'Overseas Press Club de New York.

BIBLIOGRAPHIE SOMMAIRE

1988. Prix "Rey de Espana" - prix Erich Salomon (Allemagne) ; prix du Meilleur Journaliste photographe de l'année, décerné par l'International Center of Photography à New York.

1989. Reçoit le prix Erna et Victor Hasselblad (Suède).

1990. Prix du meilleur recueil de photographies documentaires pour *Une certaine Grâce*, décerné par le Maine Photographic Workshop, USA.

1991. Reçoit le Commonwealth Award USA et le Grand Prix de la Ville de Paris.

1992. Prix Oskar Barnack, Allemagne. Elu membre honoraire de l'American Academy of Arts and Sciences, Cambridge, USA.

1993. Prix du livre *La Main de l'Homme* festival international d'Arles, France. Trophée "Match d'Or", pour l'ensemble de l'œuvre. France. Prix "The World Hunger Year's Chapin Media" de photojournalisme pour le livre *La Main de l'Homme*, New York, USA.

1994. Quitte Magnum et crée avec Lelia W. S., Amazonas Images, agence de presse photos. Commence le projet à long terme sur le mouvement des populations dans le monde. Prix de Publication pour le livre *La Main de l'Homme*, International Center of Photography, New York, USA. Prix "Centenary Medal" et "Honorary Fellowship" de la Royal Photographic Society of Great Britain, Bath, Angleterre. "Professional Photographer of the year" PMDA Photographic Manufacturers and Distributors Association, New York, USA. Grand Prix National 1994, Ministère de la Culture et de la Francophonie, France. Award of Excellence, et Silver Award, Society of Newspaper Design, New York, USA.

1996. Prix "Overseas Press Club of America", Citation for Excellence, New York, USA.

Sahel : L'Homme en détresse (Man in Distress), Prisma Presse et le Centre National de la Photographie. Pour Médecins Sans Frontières. Paris, France, 1986. Comunidad de Madrid, for Medicos Sin Fronteras, Espagne, 1988.

Autres Amériques, Editions Contrejour, France, 1986. Pantheon Books, USA, 1986. Ediciones ELR, Espagne, 1986.

Les Cheminots (The Railroad Workers), Comité Central d'Entreprise de la SNCF, France, 1989.

An Uncertain Grace, Aperture, USA, 1990. Thames and Hudson, Angleterre 1990. SGM, Sygma Union, Japon, 1990. Nathan, France, 1990. Editorial Caminho, Portugal, 1995.

Photo Poche, Sebastião Salgado, N°55 Centre National de la Photographie, France, 1993.

Workers, Aperture, USA, 1993. Phaidon, England, 1993. Editions de La Martinière, France, 1993. Ed. Caminho, Portugal, 1993. Lunwerg Editores, Espagne, 1993. Zweitausendeins, Allemagne, 1993. Iwanami Shoten, Japon, 1993. Contrasto, Italie, 1994. Companhia das Letras, Brésil, 1996.

Terra, Editions de La Martinière, France, 1997. Ed. Caminho, Portugal, 1997. Zweitausendeins, Allemagne, 1997. Contrasto, Italie, 1997. Phaidon, Angleterre, 1997. Companhia das Letras, Brésil, 1997. Alfaguara, Espagne, 1997.

PRINCIPALES EXPOSITIONS

Sahel : L'Homme en détresse :
Centre National de la Photographie,
Paris, France, 1986. Rencontres
internationales de la photographie,
Arles, France, 1986. Musée de l'Élysée,
Lausanne, Suisse, 1987. Museum
de Arte de São Paulo, Brésil, 1988.
Galerie d'Art nationale, Pékin,
Chine, 1989.

Autres Amériques : Museo de Arte
Contemporaneo de Madrid, Espagne,
1986. Maison de l'Amérique latine,
Paris, France, 1986. Musée de l'Élysée,
Lausanne, Suisse, 1987. Musée Tornio,
Oulou, Finlande, 1988. Musée Mishkan
le Omanut, Israël, 1988. Museum
Voor Land In Volkenkunde, Rotterdam,
Pays-Bas, 1988. Fundaçao Nacional
da Arte, Rio de Janeiro, Brésil, 1988.
Palais de la Jeunesse, Shanghai,
Chine, 1989.

An Uncertain Grace : Modern Art
Museum, San Francisco, Etats-Unis,
1990. Wight Art Gallery, Université
de Californie, Los Angeles,
USA, 1991. International Center
of Photography, New York, USA, 1991.
Corcoran Gallery, Washington, USA,
1992. Carpenter Center, Harvard
University, Cambridge, USA, 1992.

Rétrospectives : Hasselblad Center,
Goteborg, Suède, 1989. Bienal de Cuba,
La Havane, Cuba, 1989. Kunsthalle,
Dusseldorf, Allemagne, 1990.
Photographers' Gallery, Londres,
Angleterre, 1990. Stills Gallery,
Edimbourg, Ecosse, 1990. Royal Albert
Memorial Museum, Exeter, Angleterre,
1991. Fotogallery, Cardiff, Pays
de Galles, 1992. Glasgow Arts Center,
Ecosse, 1992.

In Human Effort, National Museum
of Modern Art, Tokyo, Japon, 1993.

Workers : Philadelphia Museum of Art,
USA, 1993. Palais de Tokyo, Paris,
France, 1993. Centro Cultural
de Bélem, Lisbonne, Portugal, 1993.
Biblioteca Nacional, Madrid, Espagne,
1993. The JB Speed Art Museum,
Louisville, Kentucky, USA, 1993. National
Gallery of Slovakia, Bratislava,
Slovaquie, 1993. Royal Festival Hall,
London, Angleterre, 1993. Palazzo delle
Esposizioni, Rome, Italie, 1994. Musée
de l'Elysée, Lausanne, Suisse, 1994.
Museu de Arte Moderna, MAM,
Rio de Janeiro, Brésil, 1994. Museum
de Arte de São Paulo, MASP, Brazil,
1994. The Bankamura Museum of Art,
Tokyo, Japon, 1994. Dallas Museum
of Art, Texas, USA, 1994. High Museum
of Folk Art, Art and Photography
Galleries, Atlanta, USA, 1994.
International Center of Photography,
New York, USA, 1995. Onomichi
Municipal Museum of Art, Hiroshima,
Japon, 1995. The Art Gallery
of New South Wales, Sydney, Australie,
1995. Basilica Palladiana, Vicenza,
Italie, 1995. George Eastman House,
Rochester, USA, 1995. Honolulu
Academy of Hawaii, USA, 1996.
Deichtorhallen, Hamburg, Allemagne,
1996. Grand-Hornu Images, Hornu,
Belgique, 1997. Museum
of Contemporary Art, San Diego,
California, USA, 1997.

PHOTO POCHE

PHOTO POCHE SOCIETE

PHOTO POCHE HISTOIRE

PHOTO NOTES